아름다운 우리말 경전 ③

관음경

우룡큰스님 옮김
불교신행 연구원 엮음

❀ 효림

아름다운 우리말 경전 ③

관 음 경

옮긴이 우룡스님
엮은이 불교신행연구원 김현준
펴낸이 김연지
펴낸곳 효림출판사

초 판 1쇄 펴낸날 2004년 11월 22일
         18쇄 펴낸날 2023년 12월 27일

등록일 1992년 1월 13일 (제 2-1305호)
주 소 서울시 서초구 반포대로14길 30, 907호 (서초동, 센츄리1)
전 화 02-582-6612, 587-6612
팩 스 02-586-9078
이메일 hyorim@nate.com

차 례

관 음 경
(관세음보살보문품)

전경(轉經)

개법장진언
開 法 藏 眞 言

옴 아라남 아라다(3번)

나무실상묘법연화경 관세음보살보문품
나무실상묘법연화경 관세음보살보문품
나무실상묘법연화경 관세음보살보문품

爾時_에 無盡意菩薩_이 卽從座起

하야 偏袒右肩_{하고} 合掌向佛_{하야} 而

作是言_{하사되}

世尊_하 觀世音菩薩_은 以何因

緣_{으로} 名觀世音_{이닛고}

佛告無盡意菩薩_{하사되}

善男子_야 若有無量百千萬億衆生_이

受諸苦惱_{할새} 聞是觀世音菩薩_{하고} 一

心稱名_{하면} 觀世音菩薩_이 卽時_에 觀

其音聲_{하야} 皆得解脫_{게 하느니라}

그때 무진의보살이 자리에서 일어나, 오른쪽 어깨를 드러내고 부처님을 향해 합장을 하고 사뢰었다.

"세존이시여, 관세음보살은 어떠한 인연으로 '관세음' 이라 이름하게 되었나이까?"

부처님께서 무진의보살에게 이르셨다.

선남자여, 만약 백천만억의 한량없는 중생이 여러가지 괴로움을 받게 되었을 때 '관세음보살' 이라는 이름을 듣고 일심으로 관세음보살의 명호를 부르면, 관세음보살은 즉시에 그 음성을 관하여 모두에게 해탈을 얻을 수 있게 하느니라.

若有持是^{약 유 지 시}觀世音菩薩名者^{관 세 음 보 살 명 자}는 設入^{설 입}

大火^{대 화}라도 火不能燒^{화 불 능 소}하나니 由是菩薩^{유 시 보 살}의

威神力故^{위 신 력 고}니라

若爲大水所漂^{약 위 대 수 소 표}라도 稱其名號^{칭 기 명 호}하면 卽^즉

得淺處^{득 천 처}하며

若有百千萬億衆生^{약 유 백 천 만 억 중 생}이 爲求金^{위 구 금}

銀 琉璃 硨磲 瑪瑙 珊瑚 琥珀 眞^{은 유 리 자 거 마 노 산 호 호 박 진}

珠 等寶^{주 등 보}하야 入於大海^{입 어 대 해}할새 假使黑^{가 사 흑}

風^풍이 吹其船舫^{취 기 선 방}하야 飄墮羅刹鬼國^{표 타 나 찰 귀 국}

이라도 其中^{기 중}에 若有乃至一人^{약 유 내 지 일 인}이라도

만약 이 관세음보살의 명호를 기억하고
외우는 이가 있다면, 설령 큰 불 속에 들어
가게 될지라도 불이 그를 태우지 못하나
니, 이는 관세음보살의 위신력 때문이니
라.

또 큰물에 빠져 표류할지라도 그 명호를
부르면 곧 얕은 곳에 이르게 되느니라.

만약 백천만억의 중생이 금·은·유
리·자거·마노·산호·호박·진주 등
의 보배를 구하기 위하여 큰 바다로 나아
갔다가 모진 바람을 만나 배가 나찰귀의
나라에 이르게 되었을지라도, 그 가운데 한
사람만이라도 관세음보살의 명호를 부르

稱觀世音菩薩名者면 是諸人等

이 皆得解脫羅刹之難하나니 以是

因緣으로 名觀世音이니라

若復有人이 臨當被害하야 稱觀世音

菩薩名者면 彼所執刀杖이 尋段段壞

하야 而得解脫하나니라

若三千大千國土에 滿中한 夜叉羅

刹이 欲來惱人이라도 聞其稱觀世音菩

薩名者면 是諸惡鬼가 尙不能以惡眼

視之커늘 況復加害랴

는 자가 있으면 모든 사람들이 나찰의 환란을 해탈하게 되나니, 이러한 인연으로 인해 이름을 '관세음' 이라 하느니라.

또한 어떤 사람이 피해를 당하게 되었을 때 관세음보살의 명호를 부르면, 해치고자 했던 사람의 손에 들린 칼과 몽둥이가 조각조각 부서져 해탈을 얻게 되느니라.

만약 삼천대천국토에 가득한 야차와 나찰들이 와서 사람을 괴롭히고자 하여도, 관세음보살의 명호를 부르는 소리를 듣게 되면 이 모든 악귀들이 그 사람을 악한 눈으로 볼 수조차 없게 되거늘, 어떻게 해를 입힐 수가 있겠느냐.

12

12

設復有人이 若有罪어나 若無罪어나
설부유인   약유죄   약무죄

枑械枷鎖로 檢繫其身이라도 稱觀世音
추계가쇄   검계기신   칭관세음

菩薩名者는 皆悉斷壞하야 卽得解脫
보살명자   개실단괴   즉득해탈

하나리

若三千大千國土에 滿中한 怨賊에
약삼천대천국토   만중   원적

有一商主가 將諸商人하야 齎持重寶
유일상주   장제상인   재지중보

하고 經過險路할새 其中一人이 作是唱
경과험로   기중일인   작시창

言호되 諸善男子여 勿得恐怖하고 汝等
언   제선남자   물득공포   여등

은 應當一心으로 稱觀世音菩薩名號
응당일심   칭관세음보살명호

하라 是菩薩이 能以無畏로 施於衆生하
시보살   능이무외   시어중생

또한 어떤 사람이 죄가 있거나 죄가 없거나 수갑과 쇠고랑과 나무칼로 씌워 그 몸을 결박당하게 되었을 때, 관세음보살의 명호를 부르면 모두 끊어지고 부수어져 곧 해탈을 얻게 되느니라.

만약 삼천대천국토 중의 도적떼가 가득한 곳을 한 상주(商主)가 여러 상인들을 거느리고 값진 보배를 휴대하여 험한 길을 지나갈 때 그 가운데 한 사람이 말하기를, "선남자들이여, 두려워 하지 말라. 그대들은 마땅히 일심으로 관세음보살의 명호를 불러라. 이 보살은 능히 '두려움 없음[無畏]'을 중생들에게 베풀어주신다. 그대

14

나니 汝等^{여등}이 若稱名者^{약칭명자}면 於此怨賊^{어차원적}에 當^당

得解脫^{득해탈}하리라

衆商人^{중상인}이 聞^문하고 俱發聲言^{구발성언}호되 南無^{나무}

觀世音菩薩^{관세음보살}하면 稱其名號^{칭기명호}로 即得解^{즉득해}

脫^탈하리니

無盡意^{무진의}야 觀世音菩薩摩訶薩^{관세음보살마하살}의 威神^{위신}

之力^{지력}이 巍巍如是^{외외여시}하니라

若有衆生^{약유중생}이 多於淫欲^{다어음욕}이라도 常念恭^{상념공}

敬觀世音菩薩^{경관세음보살}하면 便得離欲^{변득이욕}하며

若多瞋恚^{약다진에}라도 常念恭敬觀世音菩^{상념공경관세음보}

들이 만약 그 명호를 부른다면 도적떼의
피해를 반드시 벗어나리라.”

여러 상인들이 이 말을 듣고 함께 ‘나무
관세음보살’ 을 부르면, 그 명호를 부르는
공덕으로 곧 해탈을 얻게 되느니라.

무진의여, 관세음보살마하살의 위신력
은 이와같이 높고 크느니라.

만약 어떤 중생이
음욕심이 많을지라도 관세음보살을 항
상 공경히 생각하면 문득 음욕을 여의고,

만약 성을 잘 낼지라도 관세음보살을 항

16

薩^{하면} 便得離瞋^{하며}

若多愚癡^{라도} 常念恭敬觀世音菩

薩^{하면} 便得離癡^{하나니}

無盡意^여 觀世音菩薩^이 有如是等

大威神力^{하야} 多所饒益^{일새} 是故^로 衆

生^이 常應心念^{이니라}

若有女人^이 設欲求男^{하야} 禮拜供

養觀世音菩薩^{하면} 便生福德智慧之

男^{하고}

상 공경히 생각하면 문득 성냄을 여의며,

  만약 어리석음이 많을지라도 관세음보
살을 항상 공경히 생각하면 문득 어리석음
을 여의느니라.
  무진의여, 관세음보살에게는 이와같은
대위신력이 있어 넉넉하고 풍족하게 이익
을 베풀어 주나니, 그러므로 중생들은 항
상 마음으로 생각해야 하느니라.

  만약 어떠한 여인이 아들을 얻고자 하여
관세음보살에게 예배를 하고 공양을 하면
복덕과 지혜를 갖춘 아들을 낳고,
  딸을 얻고자 하면 문득 인물이 단정하고

설욕구녀
設欲求女하면

변생단정유상지녀
便生端正有相之女하

나니

숙식덕본
宿植德本하야

중인 애경
衆人이 愛敬이니라

무진의
無盡意여

관세음보살
觀世音菩薩은

유여시력
有如是力하

니라

약유중생
若有衆生이

공경예배관세음보살
恭敬禮拜觀世音菩薩

하면

복불당연
福不唐捐하나니

시고
是故로

중생 개응
衆生은 皆應

수 지관세음보살명호
受持觀世音菩薩名號니라

무진의
無盡意야

약유인
若有人이

수지육십이억
受持六十二億

항하사보살명자
恒河沙菩薩名字하고

부진형
復盡形토록

공양
供養

아름다운 딸을 낳으리니,

　그 자녀들은 숙세에 덕의 근본을 심었기 때문에 많은 사람들의 사랑과 존경을 받느니라.

　무진의여, 관세음보살은 이와같은 힘이 있느니라.

　만약 어떠한 중생이라도 관세음보살을 공경하고 예배하면 그 복이 헛되지 않나니, 이와같은 까닭으로 중생은 마땅히 관세음보살의 명호를 수지해야 하느니라.

　무진의여, 만약 어떤 사람이 62억 항하의 모래알 수처럼 많은 보살의 이름을 받아 지니고, 다시 그의 목숨이 다할 때까지 음식

飲食衣服臥具醫藥하면 於汝意云何

오 是善男子善女人의 功德이 多不아

無盡意言하사대

甚多니다 世尊이시여

佛言하사대

若復有人이 受持觀世音菩薩名號

하되 乃至一時라도 禮拜供養하면 是二

人의 福이 正等無異하야 於百千萬億

劫에 不可窮盡이니라

無盡意여 受持觀世音菩薩名號하면

과 의복과 침구와 의약으로 공양을 한다
면, 네 생각은 어떠하냐? 이 선남자 선여인
의 공덕이 많겠느냐? 적겠느냐?

　무진의보살이 사뢰었다.
　매우 많겠나이다, 세존이시여.

　부처님께서 이르셨다.
　만약 또 다른 어떤 사람이 있어 관세음보
살의 명호를 받아 지니고[受持] 한 때라도
예배공양을 하면 이 두사람의 복이 꼭 같
아 다름이 없으며, 백천만억겁이 지날지라
도 그 복은 다함이 없느니라.
　무진의여, 관세음보살의 이름을 받아 지

22

得^득如^여是^시無^무量^량無^무邊^변福^복德^덕之^지利^리하니라

無^무盡^진意^의菩^보薩^살이 白^백佛^불言^언하사대

世^세尊^존하 觀^관世^세音^음菩^보薩^살이 云^운何^하遊^유此^차娑^사

婆^바世^세界^계하며 云^운何^하而^이爲^위衆^중生^생하야 説^설法^법하며

方^방便^편之^지力^력은 其^기事^사云^운何^하닛고

佛^불告^고無^무盡^진意^의菩^보薩^살하사대

善^선男^남子^자야 若^약有^유國^국土^토衆^중生^생이

① 應^응以^이佛^불身^신으로 得^득度^도者^자는 觀^관世^세音^음菩^보

薩^살이 卽^즉現^현佛^불身^신하야 而^이爲^위説^설法^법하며

니면 이와같이 한량이 없고 끝이 없는 복
덕의 이익을 얻게 되느니라.

　무진의보살이 부처님께 사뢰었다.
　세존이시여, 관세음보살은 어떠한 모습
으로 이 사바세계에서 노니시며, 어떠한
방법으로 중생을 위하여 법을 설하시며, 그
방편의 힘은 어떠하옵니까?

　부처님께서 무진의보살에게 이르셨다.
　선남자여, 만약 어떠한 국토의 중생이
　① 부처님의 몸으로 응하여 제도를 해야
할 이가 있으면 관세음보살은 곧 부처님의
몸을 나타내어 그를 위해 법을 설하고,

② 應以^벽辟^지支^불佛^신身으로 得度者는 觀世

音菩薩이 卽現辟支佛身하야 而爲

說法하며

③ 應以聲聞身으로 得度者는 卽現聲

聞身하야 而爲說法하며

④ 應以梵王身으로 得度者는 卽現梵

王身하야 而爲說法하며

⑤ 應以帝釋身으로 得度者는 卽現帝

釋身하야 而爲說法하며

⑥ 應以自在天身으로 得度者는 卽現

②벽지불(辟支佛)의 몸으로 응하여 제도를 해야 할 이가 있으면 곧 벽지불의 몸을 나타내어 법을 설하며,

③ 성문(聲聞)의 몸으로 응하여 제도를 해야 할 이가 있으면 곧 성문의 몸을 나타내어 법을 설하느니라.

④범천왕(梵天王)의 몸으로 응하여 제도를 해야 할 이가 있으면 곧 범천왕의 몸을 나타내어 법을 설하고,

⑤ 제석천왕(帝釋天王)의 몸으로 응하여 제도를 해야 할 이가 있으면 곧 제석천왕의 몸을 나타내어 법을 설하며,

⑥자재천(自在天)의 몸으로 응하여 제도를 해야 할 이가 있으면 곧 자재천의 몸을

^{자 재 천 신} ^{이 위 설 법}
自在天身하야 而爲說法하며

⑦ ^{응 이 대 자 재 천 신} ^{득 도 자} ^즉
應以大自在天身으로 得度者는 卽

^{현 대 자 재 천 신} ^{이 위 설 법}
現大自在天身하야 而爲說法하며

⑧ ^{응 이 천 대 장 군 신} ^{득 도 자} ^즉
應以天大將軍身으로 得度者는 卽

^{현 천 대 장 군 신} ^{이 위 설 법}
現天大將軍身하야 而爲說法하며

⑨ ^{응 이 비 사 문 신} ^{득 도 자} ^{즉 현}
應以毘沙門身으로 得度者는 卽現

^{비 사 문 신} ^{이 위 설 법}
毘沙門身하야 而爲說法하며

⑩ ^{응 이 소 왕 신} ^{득 도 자} ^{즉 현 소}
應以小王身으로 得度者는 卽現小

^{왕 신} ^{이 위 설 법}
王身하야 而爲說法하며

⑪ ^{응 이 장 자 신} ^{득 도 자} ^{즉 현 장}
應以長者身으로 得度者는 卽現長

나타내어 법을 설하며,

⑦ 대자재천(大自在天)의 몸으로 응하여 제도를 해야 할 이가 있으면 곧 대자재천의 몸을 나타내어 법을 설하며,

⑧ 하늘나라 대장군의 몸으로 응하여 제도를 해야 할 이가 있으면 곧 하늘나라 대장군의 몸을 나타내어 법을 설하며,

⑨ 비사문천왕(毘沙門天王)의 몸으로 응하여 제도를 해야 할 이가 있으면 곧 비사문천왕의 몸을 나타내어 법을 설하며,

⑩ 인간세계 왕의 몸으로 응하여 제도를 해야 할 이가 있으면 곧 인간세계 왕의 몸을 나타내어 법을 설하며,

⑪ 장자(長者)의 몸으로 응하여 제도를

28

者身하야 而爲説法하며

⑫ 應以居士身으로 得度者는 卽現居
士身하야 而爲説法하며

⑬ 應以宰官身으로 得度者는 卽現宰
官身하야 而爲説法하며

⑭ 應以婆羅門身으로 得度者는 卽現
婆羅門身하야 而爲説法하며

⑮ 應以比丘 比丘尼 優婆塞 優婆夷
身으로 得度者는 卽現比丘 比丘尼
優婆塞優婆夷身하야 而爲説法하며

해야 할 이가 있으면 곧 장자의 몸을 나타
내어 법을 설하며,

　⑫ 거사(居士)의 몸으로 응하여 제도를
해야 할 이가 있으면 곧 거사의 몸을 나타
내어 법을 설하며,

　⑬ 재상과 같은 관리의 몸으로 응하여 제
도를 해야 할 이가 있으면 곧 재관(宰官)의
몸을 나타내어 법을 설하며,

　⑭ 바라문의 몸으로 응하여 제도를 해야
할 이가 있으면 곧 바라문의 몸을 나타내
어 법을 설하며,

　⑮ 비구·비구니·우바새·우바이의 몸
으로 응하여 제도를 해야 할 이가 있으면
곧 비구·비구니·우바새·우바이의 몸

⑯ 應^응以^이長者^{장자} 居士^{거사} 宰官^{재관} 婆羅門^{바라문}의婦^부

女身^{녀신}으로 得度者^{득도자}는 卽現婦女身^{즉현부녀신}하야

而爲說法^{이위설법}하며

⑰ 應^응以^이童男^{동남}童女身^{동녀신}으로 得度者^{득도자}는 卽^즉

現童男童女身^{현동남동녀신}하야 而爲說法^{이위설법}하며

⑱ 應^응以^이天^천 龍^용 夜叉^{야차} 乾闥婆^{건달바} 阿修羅^{아수라}

迦樓羅^{가루라} 緊那羅^{긴나라} 摩睺羅伽^{마후라가} 人^인 非^비

人等身^{인등신}으로 得度者^{득도자}는 卽皆現之^{즉개현지}하야

而爲說法^{이위설법}하며

⑲ 應^응以^이執金剛神^{집금강신}으로 得度者^{득도자}는 卽現^{즉현}

을 나타내어 법을 설하며,

⑯ 장자・거사・재관・바라문의 부녀자 (婦女子)의 몸으로 응하여 제도를 해야 할 이가 있으면 곧 부녀자의 몸을 나타내어 법을 설하며,

⑰ 동남(童男)・동녀(童女)의 몸으로 응하여 제도를 해야 할 이가 있으면 곧 동남・동녀의 몸을 나타내어 법을 설하며,

⑱ 천・용・야차・건달바・아수라・가루라・긴나라・마후라가・인・비인 등의 몸으로 응하여 제도를 해야 할 이가 있으면 곧 천・용 등의 몸을 나타내어 법을 설하며,

⑲ 집금강신(執金剛神)의 몸으로 응하여

執金剛神하야 而爲説法하느니라

無盡意여 是觀世音菩薩이 成就如

是功德하야 以種種形으로 遊諸國土하

며 度脫衆生하느니라 是故로 汝等이 應當

一心으로 供養觀世音菩薩이니라

是觀世音菩薩摩訶薩이 於怖畏

急難之中에 能施無畏할새 是故로 此

娑婆世界에서 皆號之爲施無畏者

라 하느니라

無盡意菩薩이 白佛言하사대

제도를 해야 할 이가 있으면 곧 집금강신
의 몸을 나타내어 법을 설하느니라.

　무진의여, 관세음보살은 이와같이 공덕
을 성취하여 다양한 모습으로 모든 국토를
노닐며 중생을 제도하고 해탈케 하느니라.
그러므로 너희들은 마땅히 일심으로 관세
음보살을 공양할지니라.

　이 관세음보살마하살은 두렵고 급한 환
란 속에 처했을 때 두려움 없음을 베풀어
주나니, 이와같은 까닭으로 사바세계에서
모두다 이르기를 '두려움 없음을 베푸는
이 [施無畏者]' 라 하느니라.

　무진의보살이 부처님께 사뢰었다.

世^세尊^존하 我^아今^금에 當^당供^공養^양觀^관世^세音^음菩^보薩^살하

리이다 하고

卽^즉解^해頸^경衆^중寶^보珠^주瓔^영珞^락하니 價^가値^치百^백千^천

兩^냥金^금이라 而^이以^이與^여之^지하고 作^작是^시言^언하사대

仁^인者^자여 受^수此^차法^법施^시珍^진寶^보瓔^영珞^락하소서

時^시에 觀^관世^세音^음菩^보薩^살이 不^불肯^긍受^수之^지어늘

無^무盡^진意^의復^부白^백觀^관世^세音^음菩^보薩^살言^언하사대

仁^인者^자여 愍^민我^아等^등故^고로 受^수此^차瓔^영珞^락하소서

爾^이時^시에 佛^불告^고觀^관世^세音^음菩^보薩^살하사대

當^당愍^민此^차無^무盡^진意^의菩^보薩^살과 及^급四^사衆^중

세존이시여, 저는 지금 관세음보살께 공양을 올리고자 하옵니다.

그리고는 곧바로 백천냥금의 가치를 지닌 수많은 보석으로 이루어진 목걸이를 풀어 바치면서 말하였다.

어진이시여, 이 법시(法施)의 진귀한 보배 목걸이를 받아주소서.

그러나 관세음보살께서 받으려 하지 아니하므로, 무진의보살이 다시 관세음보살께 말하였다.

어진이시여, 저희들을 불쌍히 여기시어 이 목걸이를 받으소서.

그때 부처님께서 관세음보살에게 이르셨다.

天^천龍^용夜^야叉^차 乾^건闥^달婆^바阿^아修^수羅^라 迦^가樓^루

羅^라緊^긴那^나羅^라 摩^마睺^후羅^라伽^가 人^인非^비人^인等^등

故^고로 受^수是^시瓔^영珞^락하라

卽^즉時^시에 觀^관世^세音^음菩^보薩^살이 愍^민諸^제四^사衆^중과

及^급於^어天^천 龍^용人^인 非^비人^인等^등하야 受^수其^기瓔^영

珞^락하고 分^분作^작二^이分^분하야 一^일分^분은 奉^봉釋^석迦^가

牟^모尼^니佛^불하고 一^일分^분은 奉^봉多^다寶^보佛^불塔^탑하나라

無^무盡^진意^의야 觀^관世^세音^음菩^보薩^살이 有^유如^여是^시自^자

在^재神^신力^력하야 遊^유於^어娑^사婆^바世^세界^계하나니라

爾^이時^시에 無^무盡^진意^의菩^보薩^살이 以^이偈^게問^문曰^왈

마땅히 무진의보살과 천 · 용 · 야차 · 건달바 · 아수라 · 가루라 · 긴나라 · 마후라가 · 인(人) · 비인(非人)등을 불쌍히 여겨 이 목걸이를 받을지니라.

그 즉시 관세음보살은 사부대중과 천 · 용 · 인 · 비인 등을 불쌍히 여겨 목걸이를 받은 다음 둘로 나누어, 한 몫은 석가모니불께 바치고 한 몫은 다보여래(多寶如來)의 탑에 바치었다.

무진의야, 관세음보살에게는 이와같은 자재한 신통력이 있어 사바세계를 자유로이 노니느니라.

그때에 무진의보살이 게송으로 여쭈었다.

世^세尊^존妙^묘相^상具^구시여   我^아今^금重^중問^문彼^피하오니

佛^불子^자何^하因^인緣^연으로   名^명爲^위觀^관世^세音^음이닛고

具^구足^족妙^묘相^상尊^존이   偈^게答^답無^무盡^진意^의하사대

汝^여聽^청觀^관音^음行^행의   善^선應^응諸^제方^방所^소하라

弘^홍誓^서深^심如^여海^해하야   歷^역劫^겁不^부思^사議^의며

侍^시多^다千^천億^억佛^불하야   發^발大^대淸^청淨^정願^원일새

묘한 상호 구족하신 세존이시여
제가 이제 다시금 여쭈옵니다
저 불자는 어떠한 인연으로서
관세음이라 이름하게 되었나이까

묘한 상호 구족하신 세존께오서
게송으로 무진의에게 답하셨도다

그대는 들을지니 관음의 덕행은
어느 곳 할 것 없이 다 응하느니라
그 서원의 넓고 깊음 바다 같나니
한량없는 아득한 겁 지내오면서
천만억의 부처님을 모두 모시고
맑고 맑은 대원을 세웠느니라

40

^{아 위 여 약 설}
我爲汝略説하노니 ^{문 명 급 견 신} 聞名及見身하야

^{심 념 불 공 과}
心念不空過하면 ^{능 멸 제 유 고} 能滅諸有苦니라

^{가 사 흥 해 의}
① 假使興害意하야 ^{추 락 대 화 갱} 推落大火坑이라도

^{염 피 관 음 력}
念彼觀音力으로 ^{화 갱 변 성 지} 火坑變成池하며

^{혹 표 류 거 해}
② 或漂流巨海하야 ^{용 어 제 귀 난} 龍魚諸鬼難이라도

^{염 피 관 음 력}
念彼觀音力으로 ^{파 랑 불 능 몰} 波浪不能沒하며

이제 그대 위해 간략히 설하리니
그 이름을 듣거나 그 몸을 보고
마음 모아 지극히 생각을 하면
능히 모든 괴로움을 멸하리로다

① 어떤 이가 해치려는 생각을 품고
　 불구덩이 속으로 밀어 떨어뜨려도
　 저 관세음보살을 생각하는 힘으로
　 불구덩이가 문득 연못으로 변하리

② 어쩌다 큰 바다에 빠져 표류를 하고
　 용과 물고기와 귀신의 난을 만나도
　 저 관세음보살을 생각하는 힘으로
　 파도가 능히 삼키지를 못하느니라

③ 혹재수미봉
或在須彌峰하야 위인소추타
爲人所推墮라도

염피관음력
念彼觀音力으로 여일허공주
如日虛空住하며

④ 혹피악인축
或被惡人逐하야 타락금강산
墮落金剛山이라도

염피관음력
念彼觀音力으로 불능손일모
不能損一毛하며

⑤ 혹치원적요
或値怨賊遶하야 각집도가해
各執刀加害라도

염피관음력
念彼觀音力으로 함즉기자심
咸卽起慈心하며

③ 수미산과 같은 높은 봉우리에서
　　어떤 이가 갑자기 밀어 떨어뜨려도
　　저 관세음보살을 생각하는 힘으로
　　해와 같이 허공에 머무르게 되며

④ 흉악한 사람에게 쫓기는 바가 되어
　　험난한 금강산에서 굴러 떨어질지라도
　　저 관세음보살을 생각하는 힘으로
　　털끝 하나 상하지 않게 되느니라

⑤ 원수나 도둑들이 주위를 에워싸고
　　제각기 칼을 들고 해치려 할지라도
　　저 관세음보살을 생각하는 힘으로
　　도리어 그들이 자비심을 일으키네

⑥ 或遭王難苦하야 臨刑欲壽終이라도
  혹 조 왕 난 고   임 형 욕 수 종

  念彼觀音力으로 刀尋段段壞하며
  염 피 관 음 력   도 심 단 단 괴

⑦ 或囚禁伽鎖하야 手足被杻械라도
  혹 수 금 가 쇄   수 족 피 추 계

  念彼觀音力으로 釋然得解脫하며
  염 피 관 음 력   석 연 득 해 탈

⑧ 呪詛諸毒藥으로 所欲害身者라도
  주 저 제 독 약   소 욕 해 신 자

  念彼觀音力으로 還着於本人하며
  염 피 관 음 력   환 착 어 본 인

⑥ 왕으로부터 벌을 받는 고난을 만나
　형을 받고 죽음이 임박했을지라도
　저 관세음보살을 생각하는 힘으로
　칼날 등의 흉기가 조각조각 부서지며

⑦ 불행히 옥에 갇혀 큰 칼을 쓰거나
　손과 발에 쇠고랑을 찼을지라도
　저 관세음보살을 생각하는 힘으로
　시원스레 풀어져 자유를 얻느니라

⑧ 주술과 저주와 여러가지 독약으로
　해치려는 사람이 있을지라도
　저 관세음보살을 생각하는 힘으로
　오히려 그 사람이 해를 입게 되느니라

46

⑨ 惑遇惡羅刹과　毒龍諸鬼等이라도
　　혹 우 악 나 찰　　독 룡 제 귀 등

　念彼觀音力으로　時悉不敢害하며
　염 피 관 음 력　　시 실 불 감 해

⑩ 若惡獸圍繞하야　利牙爪可怖라도
　　약 악 수 위 요　　이 아 조 가 포

　念彼觀音力으로　疾走無邊方하며
　염 피 관 음 력　　질 주 무 변 방

⑪ 蚖蛇及蝮蠍이　氣毒煙火燃이라도
　　원 사 급 복 갈　　기 독 연 화 연

　念彼觀音力으로　尋聲自廻去하며
　염 피 관 음 력　　심 성 자 회 거

⑨ 흉악하기 그지없는 나찰을 만나고
　독룡이나 여러 악귀 만날지라도
　저 관세음보살을 생각하는 힘으로
　누구라도 감히 해치지 못하느니라

⑩ 사나운 짐승들이 주위를 에워싸고
　날카로운 이빨과 발톱으로 위협해도
　저 관세음보살을 생각하는 힘으로
　아득히 먼 곳으로 흩어져 달아나며

⑪ 살모사 등의 독사나 전갈류들이
　타는 불의 연기처럼 독기를 뿜어도
　저 관세음보살을 생각하는 힘으로
　그 소리를 듣고서 스스로 돌아가니라

⑫ 雲^운雷^뇌鼓^고掣^철電^전하고　降^강雹^박澍^주大^대雨^우라도

念^염彼^피觀^관音^음力^력으로　應^응時^시得^득消^소散^산하나니라

衆^중生^생被^피困^곤厄^액하야　無^무量^량苦^고逼^핍身^신이라도

觀^관音^음妙^묘智^지力^력으로　能^능救^구世^세間^간苦^고니라

具^구足^족神^신通^통力^력하고　廣^광修^수智^지方^방便^편하야

十^시方^방諸^제國^국土^토에　無^무刹^찰不^불現^현身^신하며

⑫ 먹구름이 덮히며 천둥 번개가 치고
　　우박과 소나기가 크게 퍼부을지라도
　　저 관세음보살을 염하는 힘으로
　　삽시간에 구름 걷혀 활짝 개이느니라

　　중생이 갖가지 곤란과 액난을 당해
　　무량한 고통이 몸을 핍박할 때
　　관세음보살은 묘한 지혜의 힘으로
　　세간의 고통에서 능히 구해주느니라

　　신통력을 두루 갖추고
　　널리 지혜의 방편을 닦아
　　시방세계 어느 국토 할 것 없이
　　몸을 나타내지 않는 곳이 없으며

種種諸惡趣와 地獄鬼畜生의
종종제악취 지옥귀축생

生老病死苦를 以漸悉令滅하느니라
생로병사고 이점실영멸

眞觀淸淨觀과 廣大智慧觀과
진관청정관 광대지혜관

悲觀及慈觀을 常願常瞻仰하라
비관급자관 상원상첨앙

無垢淸淨光의 慧日破諸闇하고
무구청정광 혜일파제암

能伏災風火하야 普明照世間하나니
능복재풍화 보명조세간

갖가지 모든 나쁜 세계 중생들
지옥과 아귀와 축생 뿐아니라
나고 늙고 병들어 죽는 고통도
차츰차츰 모두 다 없애느니라

참다운 관[眞觀]과 청정한 관[淸淨觀]과
넓고 큰 지혜의 관[廣大智慧觀]
그리고 비관(悲觀)과 자관(慈觀)을 닦으며
항상 원하고 항상 우러러 볼지니라

티없이 청정한 광명을 발하는
지혜의 해가 어둠을 몰아내고
온갖 재앙과 풍파를 물리쳐
두루 세간을 밝게 비추나니

悲體戒雷震이요　慈意妙大雲이라

澍甘露法雨하야　滅除煩惱燄하느니라

諍訟經官處와　怖畏軍陣中이라도

念彼觀音力으로　衆怨悉退散하니라

妙音觀世音과　梵音海潮音과

勝彼世間音을　是故須常念하라

대비의 마음은 천둥처럼 진동하고
대자의 뜻은 오묘한 구름이 되어
감로의 법비를 골고루 내려
번뇌의 불길을 꺼주느니라

송사나 다툼으로 관청에 가거나
두려운 전쟁터에 있을지라도
저 관세음보살을 생각하는 힘으로
모든 원결이 다 풀어지느니라

묘음(妙音)과 관세음(觀世音)과
범음(梵音)과 해조음(海潮音)과
세간을 뛰어 넘는 승피세간음을
언제나 모름지기 염할지니라

염념물생의　　　　관세음정성

念念勿生疑니　　觀世音淨聖이

어고뇌사액　　　　능위작의호

於苦惱死厄에　　能爲作依鞠니라

구일체공덕　　　　자안시중생

具一切功德하야　慈眼視衆生하며

복취해무량　　　　시고응정례

福聚海無量일새　是故應頂禮니라

이시　　지지보살　　즉종좌기　　　전

爾時에 持地菩薩이 卽從座起하야 前

백불언

白佛言하사대

세존　약유중생　　문시관세음보

世尊하 若有衆生이 聞是觀世音菩

한 생각이라도 의심하지 말지니
청정하고 거룩한 관세음보살은
죽음의 액난으로 고뇌하고 있을 때
능히 의지가 되고 감싸주느니라

일체의 공덕을 두루 갖추어
자비의 눈으로 중생을 보살피며
바다처럼 복덕이 한량없으니
마땅히 머리 숙여 예배할지니라

그때 지지보살이 자리에서 일어나 부처
님 앞으로 나아가 사뢰었다.
　세존이시여, 어떠한 중생이 이「관세음
보살보문품」의 자재한 업과 보문(普門)으

^{살 품 자 재 지 업} ^{보 문 시 현} ^{신 통 력}
薩品自在之業과 普門示現의 神通力

^자 ^{당 지 시 인} ^{공 덕} ^{불 소}
者는 當知是人의 功德이 不小로소이다

^{불 설 시 보 문 품 시} ^{중 중} ^{팔 만 사}
佛說是普門品時에 衆中에 八萬四

^{천 중 생} ^{개 발 무 등 등 아 녹 다 라 삼}
千衆生이 皆發無等等阿耨多羅三

^{막 삼 보 리 심}
藐三菩提心하니라

로 나타내는 신통력에 대해 듣는 이가 있
으면, 이 사람의 공덕이 결코 적지 않다는
것을 능히 알겠나이다.

부처님께서 이「보문품」을 설하실 때, 대
중 가운데 팔만사천 중생이 가히 견줄 바
없는 아뇩다라삼먁삼보리심을 발하였다.

'관세음보살' 염불

1천번 ~ 1만번 염송

각자의 형편에 맞게

1천번 · 3천번 · 5천번 ·

7천번 · 1만번 등의

염불 횟수를 정하여

'관세음보살' 을 염송함.

[구체적인 방법은 p.77~90 참조.]

관음경의 독송과 관음염불법

김 현 준 (불교신행연구원 원장)

1. 기도를 하기 전에 미리 알아둘 일

관음기도의 방법은 간단합니다. 기본적으로 관음경을 먼저 읽고 다음에 '관세음보살'의 명호를 입으로 외우면서 그 분을 생각하며 기도를 하면 됩니다. 그러나 많은 불자들이 기도에 따른 주변 사항에 대해 궁금해하는 경우가 많으므로, 그것부터 먼저 이야기하고자 합니다. 사항별로 나누어 간략히 정리해 보겠습니다.

① 장소 : 처음 기도를 하는 이는 조용한 곳에서 행하여야 합니다. 절에서 염불참회를 할 때는 법당 안에서 하면 족하겠지만, 집에서 행할 때는 방해받지 않을 조용한 공간을 택하십시오. 어떤 이는 처음 기도를 할 때 집도 좁고 가족들도 이해를 해주지 않아 부엌 또는 목욕탕에서 하였다고 합니다. 물론 나중에는 가족들이 이해하고 동참하여 집안의 가장 좋은 공간에서 기도하게 되었지만….

때로는 '어느 쪽을 향하여 기도를 해야 하는가'를 질문하는 이가 많은데, 가재도구가 많은 집안에서 기도를 위한 별도의 방을 갖거나 아늑한 공간을 찾기가 쉽지 않을 것입니다. 그때는 방에서 넓게 비어있는 공간을 향해 해도 좋고, 거울 앞에 앉아 자신의 얼굴을 보며 행하여도 무방합니다. 산란하지 않은 방향을 택하면 됩니다.

② **관음상 모시기** : '집에서 밋밋한 벽을 향해 기도를 하니 신심이 솟지 않는다' 며, 마음을 집중하는 데 도움이 되는 무엇인가를 모셨으면 하는 불자들이 많습니다. 그런데도 '집안에 불상 등을 모시면 좋지 않다는 말을 들었다' 며 선뜻 모시지 못하는 이들이 있습니다.

그러나 조선시대 5백년의 억불정책으로 인해 생겨난 이 나쁜 속설을 올바른 불자들이 따를 필요는 없습니다. 지구상의 모든 불교국가들이 가정에다 불상을 모셔놓고 아침저녁으로 예불을 올리고 있거늘, 유독 우리나라만은 '좋지 않다' 며 거부를 하고 있습니다. 저를 비롯한 주위의 많은 사람들이 가정에 불상을 모셔서 잘못된 경우를 보지 못하였으니 안심하시고 모셔 보십시오. 불상을 모신다고 하여 노여워할 불보살님은 절대로 없습니다.

모실 대상물로서 가장 좋은 것은 조그마한

관세음보살상입니다. 그러나 관세음보살상을 모시는 것이 용이하지 않으면 관세음보살님의 사진도 좋고, 불교 달력에 있는 좋은 상호를 택하여 붙여 놓아도 됩니다. (불교신행연구원에서 관세음보살 액자를 만들어 보급하고 있음)

작은 것에 구애되기보다는, 마음을 잘 모으고 기도가 잘 되게 하는 쪽으로 방편을 선택하시기 바랍니다.

③ **때** : 마음을 잘 모을 수 있는 때라면 언제라도 좋지만, 가급적이면 일어나서 씻은 다음의 시간이나 잠자기 전의 밤중, 주부라면 남편과 자식들이 나가고 난 다음의 오전시간이 좋습니다.

④ **소요시간** : '몇 시간 동안이나 기도를 해야 하느냐'는 '어떤 일로 기도를 하느냐'에 따라 달리 잡아야 합니다.

만일 특별한 소원이 있어 관음기도를 할 경

우라면 적어도 아침저녁으로 1시간씩은 하여야
하고, 매우 다급하고 힘든 경우라면 하루종일
한다는 각오로 임해야 합니다. 오나가나 앉으나
서나 관음염불을 해야 합니다.

　그러나 관음기도를 하면서 관세음보살님의
은근한 가피를 바라는 경우라면 하루 한 시간
정도로 시간을 정하는 것이 좋습니다. 그리고
여러 가지 일로 시간을 많이 낼 수 없는 이라 할
지라도 최소한 30분은 해야 합니다.

　한차례의 관음경 독송에 3천 번의 '관세음보
살' 염불을 하는 정도가 좋습니다.

　그리고 염불을 할 때 염주알 천 개를 꿰어 만
든 천주(千珠)를 돌리며 하게 되면 훨씬 효과적
입니다.

　⑤ **기간** : 또 한 가지, 많은 불자들이 궁금해
하는 것은 기도의 기간입니다. '얼마 동안이나
하면 업장이 소멸되어 내가 번민하고 있는 문제

가 풀리겠는가' 하는 것입니다. 그 기간은 경우에 따라 다르며, 《대집경》에는 다음과 같은 가르침이 있습니다.

"혹 하룻밤이나 이레 동안이라도 다른 업을 짓지 말고 지극한 마음으로 염불하여 보라. 조금 염하면 업을 조금 녹이고, 많이 염하면 업을 많이 녹이느니라."

관음기도를 통하여 '얼마나 빨리 업장을 녹이느냐' 하는 것은 기도하는 이의 정성과 업의 두께에 따라 다를 수밖에 없습니다. 그러나 굳이 이야기를 하라면 최소기간을 삼칠일(21일)로 잡는 것이 좋고, 보통은 백일기도를 함이 바람직합니다.

그리고 한번 기간을 정하여 업장이 녹지 않을 때는 두 번 세 번 거듭거듭 마음을 모아 행하겠다는 자세를 갖추어야 합니다. 또 깨달음을 이루기 위한 기도라면 평생을 할 각오를 해야 합니다.

이렇게 기한을 정하여 꾸준히 기도를 하다 보면 그 날짜가 다 채워지기도 전에 가피를 입는 듯한 징조를 감지하게 되는 경우가 있습니다. 그렇다고 하여 회향일 전에 기도를 그만두지 말고, 꾸준히 계속하여 날짜를 채우는 것이 좋습니다.

⑥ **자세** : 기도를 할 때는 무릎을 꿇고 앉든지, 가부좌한 자세로 단정히 앉아 행하여야 합니다. 또 가부좌를 하기가 힘이 든다면 의자에 단정히 앉아 행하여도 괜찮습니다. 그리고 바르게 앉을 수 없을 만큼 몸이 좋지 않은 경우라면 벽에 기대거나 누워서 해도 무방합니다.

⑦ **공양물** : 예상 밖으로 '집에서 기도를 할 때 음식을 차려야 하는가'를 묻는 불자들이 많

습니다. 기본적으로 향을 피우는 것으로 족하
며, 조금 더 한다면 꽃과 촛불, 정안수까지는 괜
찮습니다. 그러나 음식물을 공양하게 되면 잡된
신이 찾아들 수 있으므로 올리지 않는 것이 좋
습니다.

그리고 불사(佛事)에 동참한다는 마음으로
형편에 맞게 가족의 축원을 곁들인 한 푼씩의
돈을 올렸다가 절이나 복지단체, 기타 좋은 일
에 보시하는 것도 훌륭한 방편이 될 수 있습
니다.

⑧ 부득이 못하게 될 경우 : 여행이나 특근
등으로 집에서 기도를 할 수 없는 경우라면 스
스로가 정한 시간만큼 어디서든 하는 것이 좋
고, 그것이 어려우면 단 열 번이라도 '관세음보
살'의 명호를 외운 다음 사정을 고하여야 합니
다.

"오늘은 특별한 사정 때문에 기도를 제대로

행하지 못하게 되었습니다. 이 허물을 받아 주
시옵소서. 내일은 올바로 잘 하겠습니다."

그리고 스스로가 세운 축원과 발원을 염하십
시오. 이렇게 하면 한번 하지 않은 것을 핑계
삼아 계속하지 않게 되는 허물을 막을 수 있습
니다.

2. 관음경을 독송하는 방법

1) 경문을 읽기 전에

① 먼저 3배를 올리고 '관세음보살님! 감사
합니다' 를 세 번 염한 다음, 관음경을 펼쳐들고
축원부터 세 번 하여야 합니다.

"시방세계의 충만하신 관세음보살님이시여,

세세생생 지은 죄업을 모두 참회드리옵니다.

이제 이 경을 읽는 공덕을 선망조상과 일체중생의 행복을 위해 바칩니다.

아울러 저희 가족 모두가 건강하옵고, 하는 일이 다 순탄하여지이다."(3번)

이렇게 기본적인 축원을 하고, 꼭 성취되기를 바라는 일이 있으면 추가로 축원을 하십시오. 이 경우에는 각자의 원(願)에 맞게 적당한 축원문을 만들어 축원을 하고 발원을 하는 것도 매우 좋은 방법입니다.

② 축원을 한 다음 「개법장진언」 '옴 아라남 아라다' (3번)를 염송합니다. 흔히 정구업진언 · 오방내외안위제신진언 · 개경게(開經偈)로 구성된 「전경(轉經)」을 외우기도 하는데, 「개법장진언」만으로 족합니다.

③ 개법장진언 다음에는 관음경의 본래 이

름인 '나무실상묘법연화경 관세음보살보문품'
을 세 번 꼭 외우십시오.

　　나무실상묘법연화경 관세음보살보문품
　　나무실상묘법연화경 관세음보살보문품
　　나무실상묘법연화경 관세음보살보문품

　경의 제목을 외우는 공덕이 매우 크기 때문
에 불교집안에서는 어떠한 경전이든 본문을 읽
기 전에 경의 제목을 세 번 읽도록 가르쳐 왔습
니다. 그러므로 절에서나 집에서나 관음경을
독송할 때는, 꼭 '나무실상묘법연화경 관세음
보살보문품'을 세 번씩 염송하여야 합니다.
　경의 제목은 그 경전 내용의 핵심을 담고 있
으므로 공덕이 더욱 크다는 것을 마음에 새겨,
꼭 세 번씩 독송하시기를 당부드립니다.

2) 경문을 읽을 때

① 관음경 본문을 독경할 때는 원래 부처님께서 설하신 경문만을 읽고, 분류의 편의를 위해 표기한 ①②③ 등의 숫자는 읽지 않습니다.

② 관음경을 읽을 때 한문 해독 능력이 뛰어난 이라면 한자음으로 읽는 것이 좋지만, 한문 해독 능력이 충분하지 못한 이는 원문의 뜻을 한글로 풀어놓은 번역본을 읽는 것이 좋습니다. 읽는 내가 내용을 이해하지 못하고 글자만 읽게 되면, 감동이 없을 뿐 아니라 공덕 또한 크게 떨어지기 때문입니다.

아울러 번역본이 능숙해지면 좌측 페이지의 한자 원문을 대조하면서 더 깊은 뜻을 새겨보시기 바랍니다.

관음경을 읽을 때는 반드시 '나' 스스로에게, 그리고 법계의 중생들에게 들려준다는 자세로 정성껏 읽어야 합니다. 절대로 '그냥 한

편을 읽기만 하면 된다'는 자세로 뜻 모르고
읽어서는 안됩니다. 스스로 뜻을 새기고 이해
를 하며 읽는 것이 무엇보다 중요하다는 것을
꼭 명심하시기 바랍니다.

③ 관음경을 읽다가 특별히 마음에 와닿는
구절이 있거나, 이해가 잘 되지 않는 부분이 있
으면 다시 한번 읽으며 사색에 잠기는 것이 좋
습니다. 독경을 한다고 하여 처음부터 끝까지
쫄쫄쫄 시냇물 흘러가듯 읽어내려가야 할 필
요는 없습니다. 왜냐하면 독경보다는 간경(看
經)이 훨씬 더 수승한 공덕을 나타내기 때문입
니다.

간경! 간경은 경전을 눈으로 보고 입으로 읽
는 것을 넘어서서, 마음으로 보고 마음으로 느
끼며 읽는 것입니다. 경전의 내용이 '나'의 마
음 속에 또렷이 살아 있도록 하는 것, 경전의 내
용을 '나'의 것으로 만드는 것이 간경인 것입

니다.

이렇게 간경을 하면 관음경의 내용이 차츰 '나'의 것이 되고, 관음경의 가르침이 '나'의 것이 되면 관세음보살님과 불이(不二)가 되어 기도성취는 물론이요 무량공덕이 저절로 생겨 나게 됩니다. 거듭거듭 당부드리오니, 결코 관음경을 형식적으로 읽지 마시기 바랍니다.

④ 관음경을 다 읽었으면 다시 축원을 세 번 하여야 합니다. 그 요령은 시작할 때와 같습니다. 그리고 발원(發願)을 합니다. '내가 어떻게 하겠다'는 맹세의 원을 발하는 것입니다.

⑤ 마지막으로 회향축원을 세 번 하여야 합니다.

"이 경을 읽은 공덕을 법계 일체 중생의 발보리심과 해탈과 행복에 회향하옵니다. 아울러 저희 또한 지은 업장을 소멸하여 위없는 깨달음을

이루어지이다."(3번)

꼭 관음경을 읽은 공덕을 회향하여 마음밭
에 새로운 씨를 심으시기 바랍니다.

3) 독송의 기간 및 횟수

① 가피와 고난 퇴치, 소원성취를 이룰 목적
으로 관음경을 읽을 때는 최소한 21일은 독송
하여야 하며, 원에 따라 백일기도, 천일기도를
행하도록 합니다. 옛 어른들은 집안의 평안과
명훈가피를 기원하며 평생을 독송한 이도 있
습니다.

하루의 독송 횟수는 최소한 1독은 하여야 하
며, 하루 여러 독씩 읽어 총 1천독을 채울 것을
권하고 싶습니다. 총 1천독을 하게 되면 관세음
보살님의 자비와 저절로 함께 하게 되고, 그 자
비속에서 하루하루가 행복하고 좋은 날로 바

뀌게 되기 때문입니다. 이에 이 책의 뒤에 1독
할 때마다 1칸씩 채워 1천독 한 것을 표기할 수
있도록 1천 칸을 마련해 두었습니다.

그러나 사람에 따라 형편과 능력이 다를 것
이므로 스스로 독송 기간과 횟수를 잘 선택하
여 기도하도록 하십시오. 만일 시간이 많지 않
은 사람은 하루 1독이라도 좋으니 꾸준히 하
여 스스로가 정한 횟수를 채우기 바랍니다.
단, 한번 정하였으면 아주 특별한 일이 일어나
지 않는 이상 변경하지 않는 것이 좋습니다.

② 관음경을 공부를 위하여, 또는 명훈가피
를 위하여 독경하는 경우에는, 기간을 정하지
말고 하루 1독~3독씩 꾸준히 하는 것도 바람
직합니다.

3. 관음염불의 방법

관음경을 통하여 관세음보살님의 대위신력을 마음에 담은 불자라면, 독경 후 축원과 회향을 한 다음 곧바로 '관세음보살' 을 외우며 관세음보살의 가피를 담는 염불을 행하는 것이 매우 좋습니다.

관음염불의 방법은
① 입으로 '관세음보살' 의 명호를 외우고
② 관세음보살님을 생각하면서
③ 마음 속으로 '관세음보살님, 감사합니다.
　~을 이루게 해주셔서 감사합니다' 하는 것
　으로 모아집니다.

이러한 관음염불의 방법과 요령을 조금 더 상세히 살펴봅시다.

1) '관세음보살' 의 명호를 입으로 외울 때의 요령

'관세음보살' 을 염불하는 방법이 따로 정해져 있는 것은 아닙니다. 입으로 외우라 했다고 하여 반드시 입 밖으로 큰소리가 나와야 하는 것도 아닙니다. 때로는 크게 할 수도 있고, 때로는 작게 할 수도 있으며, 때로는 혼자만의 속삭임처럼 외울 수도 있습니다. 마음이 답답하거나 다급한 일이 있다면 절을 하면서 크게 외칠 수도 있습니다.

또한 '큰 소리로 염불을 하면 열 가지 공덕이 있다' 는 말을 듣고 일부러 큰 소리로 염불을 하는 불자들도 있습니다. 그러나 공덕의 크고 작음은 마음을 얼마나 잘 모아 기원하고 염불하느냐에 달려 있는 것일 뿐, 소리의 크고 작음과는 별 상관이 없습니다. 오히려 소리를 크게 냄으로써 주위 사람들의 반감을 불러일으키는 경우도 있으므로, 처한 환경에 따라 소리의 강약을

조절하는 것이 좋습니다.

그리고 염불하는 소리는 끊임없이 이어지도록 하는 것이 최상입니다. 남이 듣는 소리로서가 아니라, '나' 속에서 끊임없이 이어져야 합니다. 그렇게 하기 위해서는 다음과 같은 요령을 취하는 것이 좋습니다.

염불을 시작하기 전에 심호흡을 세 번 또는 일곱 번 하십시오. 그리고 아랫배까지 숨을 가득 들이켜 '관—세음—보—살, 관—세음—보—살' 하면서 천천히 시작하되, 다섯 번 정도가 지나면서부터 점점 빨리 부르기 시작하여 마침내는 한번 한번 부르는 '관세음보살' 명호의 앞뒤가 간격이 없을 만큼 빠르게 불러야 합니다.

이때 염불을 하고 있는 사람은 한번 한번 '관세음보살'을 분명히 염송하지만, 옆에 있는 사람은 무슨 소리인지 알아듣지를 못합니다. 그리고 입만 달싹거릴 뿐, 소리가 거의 밖으로 새어 나오지 않게 불러도 무방합니다.

숨을 내쉴 때만 '관세음보살'을 외우는 것이 아니라, 숨을 들이쉴 때도 외어야 합니다. 또한 염불을 하면서 숨을 들이킬 때는 그 기운이 몸 깊숙한 곳까지 들어가도록 해야 합니다. 짧은 호흡이 아니라 긴 호흡을 하면서 염불하라는 것입니다. 이렇게 하면 단 1초도 염불이 끊어지지 않게 됩니다.

또 한 가지, 매우 다급하고 속히 이루어야 할 일이 있어 관음염불을 하는 경우라면, 그 일의 다급함만큼 염불도 열심히 몰아붙여야 합니다.

참으로 애가 타고 '나'의 능력으로는 어찌할 수 없어 애간장이 녹아날 일이 있다면 이것저것 생각할 겨를이 없습니다. 모든 것을 불보살님께 맡기고 배고픈 아기가 어머니를 찾듯이, 갈증으로 신음하는 사람이 물을 찾듯이, 중병을 앓는 이가 용한 의사를 찾듯이, 간절한 마음으로 불보살님의 명호를 불러야 합니다.

밥을 먹을 때도 속으로는 '관세음보살'을 부르고, 뒷간에서 볼 일을 볼 때도 불러야 합니다. 적당하고 형식적인 염불로는 안 됩니다. 지극하게 매달려야 합니다. 진한 땀이 흘러나오고 눈물이 쑥 빠지도록 열심히 염하게 되면, '나'의 힘으로는 어찌할 수 없는 일도 며칠이 지나지 않아 해결을 볼 수 있게 됩니다.

요즈음 이 나라에는 경제난 등 여러가지 이유로 고통을 받고 있는 사람이 매우 많습니다. 하루아침에 직장을 잃고, 재물을 날리고, 가족이 흩어지는 등…. 이렇게 시련이 닥쳐왔을 때 그 당사자는 모든 것을 잃은 듯이 생각합니다. 참으로 고통이 클 것입니다.

그러나 무상(無常)하게 불행이 다가왔듯이,

불행도 때가 되면 무상하게 가버립니다. 이 어려운 고비를 한숨으로 지새지 말고 관음염불로 자리메꿈을 해보십시오. 조급증을 내지 말고 관음염불을 하십시오. '나는 이제 죽었다' 싶으면 죽을 각오로 염불을 하십시오. 그렇게만 하면 업장이 녹으면서 복이 찾아듭니다.

우리가 살고 있는 이 법계에는 자비와 행복의 기운이 가득 충만되어 있습니다. 그 자비와 행복의 기운을 '나'의 것으로 만들게 하는 것이 관음염불입니다. 오히려 지금의 시련을 '나'의 업장을 녹여 큰 복을 담을 수 있는 기회로 생각하고, 꼭 관음경 독송 뒤에 관음염불을 해보시기를 당부드립니다.

2) 관세음보살을 생각하는 법

'관세음보살을 생각하라' 함은 관상(觀想)을 하라는 것입니다.

 관음염불을 할 때 관세음보살을 염(念)하라
고 하면, 사람마다 제 나름대로 생각하게 됩니
다. 그러나 '염(念)'을 보다 정확히 해석하면
눈으로 보는 것이 아니라, '마음으로 보는 관
(觀)'을 하며 생각하라는 것입니다.

 간단히 말해 입으로 끊임없이 관세음보살의
명호를 외우면서 관세음보살님의 모습을 떠올
려야 합니다. 하지만 불보살님의 모습을 그냥
단순히 그려보는 것이 아니라, '나' 또는 가피
를 입었으면 하는 대상이 관세음보살의 미간백
호로부터 뿜어져 나오는 광명을 듬뿍 받고 있는
모습을 떠올려야 합니다.

 한 예로서, 어머니가 아들의 대학시험 합격
을 위해 관세음보살을 외우며 기도를 올린다고
합시다. 이때 어머니는 입으로 끊임없이 관세음
보살을 부르면서, 관세음보살님이 미간의 백호
에서 뿜어낸 자비광명으로 아들을 비추고 있는

모습을 떠올려야 합니다.

그렇게 하면서 합격을 기원하면 관세음보살의 밝은 가피가 아들에게로 바로 향하게 되어, 아들은 건강하게 공부도 잘 하고 시험에도 능히 합격을 하는 좋은 결실을 맺을 수 있게 되는 것입니다.

특히 가족끼리는 뇌파작용이 어느 누구보다도 강하기 때문에, 이렇게 관상을 하며 염불을 하면 관세음보살님의 자비광명이 훨씬 빨리 전달됩니다. 실로 밝은 광명을 받게 되면 어둠의 장애가 사라지기 마련이요, 장애가 없으면 뜻대로 이룰 수 있음이 자명한 이치이지 않습니까!

'나'에게 장애가 있거나 이룰 일이 있을 때에도, '나'에게로 관세음보살님의 자비광명이 쏟아져 내리는 모습을 관하면서 관음염불을 해보십시오. 참으로 관세음보살님의 무한자비와 불가사의한 힘을 느끼게 될 것입니다.

저는 기도법을 묻는 사람들에게 이 방법을 많이 일러줍니다. 몸이 아픈 사람, 자식 걱정이 많은 사람, 사랑을 갈구하는 사람, 직장을 얻고자 하는 사람, 돈 때문에 고민하는 사람 등…. 그런데 묘하게도 이와 같은 방법으로 기도를 하였더니 소원대로 되었다는 분들이 많았습니다.

왜 이렇게 기도를 하면 가피를 빨리 입게 되는 것일까?

바로 집중이 잘 되기 때문입니다. '관세음보살'의 자비광명이 가피를 입을 대상에게로 향하도록 하고 입으로 '관세음보살'의 명호를 끊임없이 부르면, '관세음보살님'과 관세음보살을 부르는 '나'와 '가피를 입을 자 또는 일'이 하나를 이루게 됩니다. 곧 삼위일체가 되는 것입니다. 자연 단순히 명호만 외우는 염불보다 마음이 훨씬 더 잘 모여지게 됩니다.

모름지기 집중이 잘 되면 마음이 고요해지

고, 마음이 고요해지면 맑아지고, 마음이 맑아
지면 밝아져서 마침내 지혜의 빛이 뿜어져 나오
게 됩니다. 그때가 되면 녹아내리지 않을 업장
이 어디에 있고 이루지 못할 기도가 어디에 있
겠습니까?

한 가지 당부를 드리고 싶은 것은, 이렇게 관
상을 할 때 눈을 뜨고 관하는 습관을 들이라는
것입니다.
관상을 할 때 눈을 뜨고 있으면 생각이 자꾸
흩어지는 것 같고, 눈을 감으면 마음이 잘 가다
듬어지는 것 같이 느껴집니다. 물론 초기에는
그러합니다. 그렇지만 며칠을 지나서 보면 눈을
감을수록 번뇌가 더 많아지는 것을 알 수 있게
됩니다. 잘 명심하셔서 눈을 뜬 채로 관상을 하
시기 바랍니다.

3) 항상 마음으로는 '감사합니다'

관음염불을 할 때는 항상 '감사하다'는 마음 가짐이 지속되어야 함이 원칙입니다. 감사를 느낄 때 대우주의 성취 파장이 가장 빨리 다가오기 때문입니다.

그러므로 관세음살님의 명호를 부르고 관상을 하면서, 마음 속으로는 '감사합니다, 관세음보살님', '관세음보살님, 저희의 소원을 이루어 주셔서 감사합니다' 등의 속삭임이 끊임없이 이어져야 합니다.

어떤 이는 이에 대한 의문을 일으킬 것입니다.

"현재 이루어지지도 않았는데 왜 '이루어주소서'라고 하지?"

그러나 이 또한 기도의 한 방법입니다. 미래의 성취를 이미 이룬 과거형으로 바꿈으로써 틀림없는 성취를 이끌어 내는 것입니다.

그리고 소원이 있으면 '관세음보살님께서 알

아서 해주겠지' 하지 말고, 함축성 있는 발원의 구절을 만들어 봄이 좋습니다. 이 경우, '나'의 이기적인 욕심만 풀어놓지 말고 자리이타(自利 利他)가 될 수 있는 원을 발하여야 합니다. 예를 들어보겠습니다.

"관세음보살님, 잘못했습니다. 꼭 저의 ○○ 한 소원이 이루어지게 하옵고, 모든 중생에게 관세음보살님의 자비와 지혜와 행복의 빛이 충만하여지이다."

"감사합니다, 관세음보살님. 모든 이를 살리는 이 몸이 되겠나이다. 일체 재앙이 티끌로 화하고 소원이 성취되어지이다."

이렇게 무조건 잘못을 참회하고 감사하면서, 나와 남을 함께 이롭게 하는 자리이타의 원을 발하여 보십시오. 모든 업장을 만들었던 이기심이 스르르 무너지면서 가피를 입음은 물론이요, 새롭게 태어날 수 있습니다.

한가지 더 당부드리고 싶은 것은, 관음염불이 모두 끝난 다음 가족을 향해 3배를 올리라는 것입니다.

가족을 향해 3배를 할 때는 불보살님께 예배를 올리듯이 정성껏 하여야 합니다. 물론 그 당사자 앞에 가서 하라는 것은 아닙니다. 부모나 배우자, 아들딸이 있는 쪽으로 향해 몸을 돌려 절을 하거나, 기도하는 그 자리에서 가족의 모습을 떠올리며 절을 하면 됩니다. 그리고 3배를 할 때는 절 한번에 참회의 말을 세 번씩 하십시오.

"은혜롭고 사랑스런 당신, 제가 잘못했습니다. 잘못했습니다. 잘못했습니다."

"갑돌아, 내가(엄마가, 아빠가) 잘못했다. 내가 잘못했다. 내가 잘못했다."

이렇게 마음속으로 절 한 번에 세 번씩 하여 3배를 통하여 총 아홉 번을 참회합니다.

3배를 마친 다음에는 엎드린 채로 축원을 해 주십시오.

"대자대비하신 관세음보살님! 저희 남편(아내·아들·딸)이 항상 건강하옵고 뜻하는 바가 이루어지게 하옵소서. 남편에게 자비와 지혜와 행복이 충만하여지이다." (3번)

이 예와 같이, 적절한 축원의 문구를 만들어 가족 한 사람 한 사람 마다 3배를 올리고 세 번 씩 거듭 축원해주면 됩니다.

이상의 '관세음보살' 염불을 잘 행하여 모든 불자들이 관세음보살님의 가피를 입고, 자비와 지혜와 행복이 충만된 삶을 살 수 있게 되기를 깊이 깊이 축원드립니다.

나무대자대비관세음보살.

내가 확인하는 독경 횟수

※ 한 번 독경할 때마다 한 칸씩 확인하세요

1								10			
				20							
								50			
						100					
					150						
				200							

92

		250								
300										
									350		
							400			
					450					

					500						
			550								
	600										
											650
									700		

						750			
				800					
			850						
		900							
950									
								1000	✿

● 포켓용 아름다운 우리말 경전 ●

금강경 / 우룡스님 역   국반판   100쪽   2,500원
명쾌한 금강경 풀이와 함께 금강경의 근본 가르침을 함께 수록한 책

아미타경 / 김현준 역   국반판   100쪽   2,500원
한글 번역과 함께 독송하는 방법과 아미타불 염불법에 대해 설한 책

약사경 / 김현준 편역   국반판   100쪽   2,500원
한글 번역과 함께 약사기도법과 약사염불법에 대해 자세히 설한 책

관음경 / 우룡스님 역   국반판   100쪽   2,500원
관음경의 번역과 함께 관음기도와 관음염불법에 대해 자세히 설한 책

지장경 / 김현준 편역   국반판   196쪽   4,000원
편안하고 쉬운 번역과 함께 지장기도법을 간략히 설한 책

부모은중경 / 김현준 역   국반판   100쪽   2,500원
부모님의 은혜를 느끼며 기도를 할 수 있게 엮은 책

보현행원품 / 김현준 편역   국반판   100쪽   2,500원
보현보살의 십대원을 중심으로 설하여 참된 보살의 길로 이끌어주는 책

초발심자경문 / 일타스님 역   국반판   100쪽   2,500원
신심을 굳건히 하고 수행에 대한 마음을 불러일으키게끔 하는 책

법요집 / 불교신행연구원 편   국반판   100쪽   2,500원
법회와 수행 시에 필요한 각종 의식문, 좋은 몇 편의 글들을 수록한 책

● 신행과 포교를 위한 포켓용 불서 ●

행복과 성공을 위한 도담 / 경봉스님	4×6판	100쪽	3,500원
일상기도와 특별기도 / 일타스님	4×6판	100쪽	3,500원
불교예절입문 / 일타스님	4×6판	100쪽	3,500원
행복을 여는 감로법문 / 일타스님	4×6판	100쪽	3,500원
불자의 삶과 공부 / 우룡스님	4×6판	100쪽	3,500원
불성 발현의 길 / 우룡스님	4×6판	100쪽	3,000원
광명진언 기도법 / 일타스님·김현준	4×6판	100쪽	3,500원
보왕삼매론 풀이 / 김현준	4×6판	100쪽	3,500원
바느질하는 부처님 / 김현준 엮음	4×6판	100쪽	3,500원

● 관음신앙 관련 해설서 ●

생활속의 관음경 / 우룡스님	신국판	240쪽	9,000원
관음신앙 · 관음기도법 / 김현준	신국판	240쪽	9,000원
신묘장구대다라니 기도법 / 우룡스님 · 김현준	신국판	208쪽	7,000원

● 관음신앙 관련 사경집 ●

관음경 한글 사경	4×6배판	112쪽	5,000원
천수경 한글 사경	4×6배판	112쪽	5,000원
신묘장구대다라니 사경	4×6배판	112쪽	5,000원
관세음보살 명호 사경	4×6배판	108쪽	5,000원

● 기도 독송용 경전 ●

법화경 / 김현준	(무선제본 전3책)	4×6배판	총570쪽	22,000원
법화경 / 김현준	(양장본 전1책)	4×6배판	총520쪽	25,000원
자비도량참법 / 김현준	(양장본)	4×6배판	528쪽	25,000원
승만경 / 김현준		4×6배판	144쪽	6,000원
원각경 / 김현준		4×6배판	192쪽	8,000원
금강경 / 우룡스님		4×6배판	112쪽	5,000원
관음경 / 우룡스님		4×6배판	96쪽	4,000원
약사경 / 김현준		4×6배판	96쪽	4,000원
보현행원품 / 김현준		4×6배판	112쪽	5,000원
지장경 / 김현준		4×6배판	208쪽	8,000원
유마경 / 김현준		4×6배판	296쪽	12,000원
아미타경 / 김현준		4×6배판	92쪽	4,000원
무량수경 / 김현준		4×6배판	176쪽	7,000원
천지팔양신주경 / 김현준		4×6배판	96쪽	4,000원
밀린다왕문경 / 김현준		신국판	208쪽	7,000원